CLEBERSON EDUARDO DA COSTA

A ARTE DE
LIDERAR

QUEBRANDO PARADIGMAS; CRIANDO
NOVOS CONCEITOS

Atsoc Editions

A Arte de Liderar

CLEBERSON EDUARDO DA COSTA

QUEBRANDO PARADIGMAS; CRIANDO NOVOS CONCEITOS

Atsoc Editions

EDITORAÇÃO: ATSOC EDIÇÕES

CAPA: ATSOC EDIÇÕES

DIAGRAMAÇÃO: ATSOC EDIÇÕES

REVISÃO: ATSOC EDIÇÕES

Dados internacionais de catalogação na fonte de todos os direitos autorais, RJ,

COSTA, CLEBERSON EDUARDO DA, 1973 – A ARTE DE LIDERAR: QUEBRANDO PARADIGMAS; CRIANDO NOVOS CONCEITOS/CLEBERSON E. DA COSTA, RIO DE JANEIRO, 2016.

1. GESTÃO EMPRESARIAL; 2. QUALIDADE GERENCIAL; 3. LIDERANÇA; 4. A ARTE DE LIDERAR: QUEBRANDO PARADIGMAS; CRIANDO NOVOS CONCEITOS. I TÍTULO.

DEDICATIONS FOR: *VICTÓRIA MAGALHÃES DE JESUS COSTA, MINHA FILHA; E PARA TODOS AQUELES QUE DIRETA E/OU INDIRETAMENTE CONTRIBUÍRAM PARA A PRODUÇÃO DESTA OBRA, COMO MEUS IRMÃOS CLEVERSON EDUARDO DA COSTA E LEANDRO COSTA; MINHAS IRMÃS GLÁUCIA CRISTINA COSTA E RENATA MICHELE COSTA; MINHA MÃE, MARIA DAS DORES COSTA; E A MÃE DA MINHA FILHA VICTÓRIA, FLÁVIA MAGALHÃES DE JESUS, AO MEU SOBRINHO JOÃO VITOR E AS MINHAS SOBRINHAS ISABELA E DUDA.*

PERFIL BIOGRÁFICO

O autor (mais de 100 livros publicados, muitos deles traduzidos para outros idiomas) é formado pela UERJ/RJ (Universidade do Estado do Rio de Janeiro), pós-graduado em educação, pesquisador, professor universitário, especialista em metodologia do ensino superior, licenciado em psicologia, sociologia e filosofia da educação, didática, educação de jovens e adultos, etc.

Além disso, estudou no curso de MBA em gestão empresarial pela Funcefet/RJ (região dos lagos); Administração e planejamento da educação pela UERJ/RJ; e atuou como diretor administrativo-financeiro da KGB locações e entretenimentos.

Na área acadêmica, participou de diversas pesquisas centradas em problemáticas filosóficas pedagógicas, com professores renomados, como

Pablo Amadeu Gentili (UERJ), Carla Imenes (UERJ), Christiane silva Albuquerque (UERJ), entre muitos outros.

Atualmente dedica-se à gestão do grupo Atsoc Editions (CEO), à docência universitária, a pesquisas em educação, à realização de palestras e à produção de obras, além de filosóficas, administrativas, educacionais e literárias, também em diversos outros campos do saber.

INTRODUÇÃO

Um líder, dentro de uma organização (ou não) pode ser também um chefe, mas, as meras funções de um chefe, segundo conceitos de liderança pós-moderna, nem de longe devem ser confundidas com as de um líder, por uma simples razão:

> *"Chefe é a pessoa que – 1- dotada de autoridade institucional ou organizacional; 2- dotada do poder de mandar e/ou exigir obediência; 3- encarregada de uma tarefa ou atividade qualquer – comanda uma ou um grupo de pessoas."*

Ou seja, segundo o que pensam grandes especialistas em gestão do séc. XXI, para ser gerente, gestor, e mesmo empreendedor, são necessárias não somente as capacidades e/ou experiências de um chefe, mas também as habilidades, competências e/ou inteligências de um líder. Pergunta-se então: **_Mas o que vem a ser um líder e/ou exercer liderança?_**

Essas são algumas das importantes questões que estudaremos e responderemos ao longo deste trabalho.

Na parte I, partindo de antecedentes históricos filosóficos, passando pelo final do séc. XX, e chegando ao XXI, dita hoje era pós-moderna, chegaremos à definição de um conceito de líder e/ou liderança que esteja atrelado à ideia da necessidade do desenvolvimento de um novo perfil gestor e/ou gerencial.

Na parte II, complementando-se a I, apresentar-se-ão competências, habilidades e/ou capacidades que precisam ser desenvolvidas pelos líderes-gestores do séc. XXI.

Os editores

SUMÁRIO

PARTE I

CAPÍTULO 1

O que é ser líder e/ou exercer liderança?

1.1 Antecedentes histórico-filosóficos do conceito de liderança

I

O ideal do líder, historicamente, embora hoje não mais sistematicamente, vem do campo das filosofias ocidental e oriental (a.C), respectivamente das ideias de Platão e Confúcio.

Platão, por exemplo, principal expoente do idealismo e defensor das ideias de divisão entre os ditos mundos sensível e inteligível, defendeu, em sua conhecida obra chamada "A República", o seu ideal de "rei filósofo". Nesse ideal estava a premissa de um gestor educado para ser racional ao extremo, em oposição ao desenvolvimento de sentimentalismos, etc., isto é, a ideia de que as emoções é que deveriam/devem estar a serviço da razão e não o contrário, traduzindo-se numa espécie de desenvolvimento da chamada inteligência emocional e/ou, hoje, segundo os mais críticos, de "arte racional da dissimulação". Em outras palavras, Platão foi um dos primeiro pensadores a defender a ideia de que não há inteligência na emoção, e sim, ao contrário, isto é, de que há emoção na inteligência.

II

Confúcio, por outro lado – tese esta que é aceita como verdadeira até mesmo por antropólogos nos dias atuais –, dizia que "a natureza dos homens é a mesma...; que são os seus hábitos que os mantêm separados". Sob essas bases, acreditava que, qualquer grupo de homens, independentemente de suas diferenças psicossociais, quando bem liderados, poderia se superar e/ou aprender a se superar incorporando novos valores, hábitos e/ou costumes em prol do alcance de metas e objetivos comuns.

Em duas de suas importantes obras, "rei sábio" e "líder servo", como já os próprios títulos sugerem, defendeu a ideia de um gestor que, exatamente por ser um buscador da sabedoria, deveria procurar também entender a sua complexa e necessária função social.

Confúcio é, na história, e mesmo na da filosofia (não somente oriental), um dos primeiros pensadores a tratar da temática referente à função do líder.

1.2 – Conceitos de liderança desenvolvidos a partir de meados do séc.XX

Como tema de pesquisa científica sistematizada, fora do campo da filosofia, entretanto, a **temática Liderança** surgiu a partir de meados do séc. XX, com o surgimento de várias escolas. Vejamos alguns dos principais conceitos de Liderança desenvolvidos durante esse período:

Segundo **Hemphill & Coons** (ano 1957):

> *"Liderança é o comportamento de um indivíduo quando está dirigindo as atividades de um grupo em direção a um objetivo comum."* (p.7)

Para **Janda** (ano 1960):

> *"Liderança é 'um tipo especial de relacionamento de poder caracterizado pela percepção dos membros do grupo no sentido de que outro membro do*

> *grupo tem o direito de prescrever padrões de comportamento na posição daquele que dirige, no que diz respeito à sua atividade na qualidade de membro do grupo'" (p.35).*

Nas palavras de **Tannenbaum, Weschler & Massarik** (ano 1961):

> "Liderança é 'uma influência pessoal, exercida em uma situação e dirigida através do processo de comunicação, no sentido do alcance de um objetivo específico ou objetivos". Isto é, "Liderança é a influência interpessoal, exercida na situação e dirigida através do processo de comunicação humana, com vista à obtenção de um ou diversos objetivos específicos." (p. 24)

Seguindo a mesma linha de Tannenbaum, Weschler & Massarik, mas dando um enfoque gerador de mudança também comportamental, para **Jacobs** (ano 1970):

> "Liderança é 'uma interação entre pessoas na qual uma apresenta

informação de um tipo e de tal maneira que os outros se tornam convencidos de que seus resultados serão melhorados caso se comporte da maneira sugerida ou desejada." (p.232)

Para **Stogdill** (ano 1974):

"Liderança é 'o início e a manutenção da estrutura em termos de expectativa e interação". (p.411)

Segundo pensaram **Katz & Kahn** (1978):

"Liderança é 'o incremento da influência sobre e acima de uma submissão mecânica com as diretrizes rotineiras da organização." (p. 528)

Já para **Rouch & Behling** (ano 1984):

"Liderança é o processo de influenciar as atividades de um grupo organizado na direção da realização de um objetivo." (p.46)

Ainda segundo os mesmos autores:

"Dois elementos parecem ser comuns a todas essas definições. Em primeiro lugar, elas conservam o denominador comum de que a liderança esteja ligada a um fenômeno grupal, isto é, envolva duas ou mais pessoas. Em segundo lugar, fica evidente tratar-se de um processo de influencia exercido de forma intencional por parte do líder sobre seus seguidores."

Como se viu, foram muitos aqueles que, a partir de meados do séc. XX, dedicaram-se e, de certa forma, contribuíram forma para o desenvolvimento do conceito de Liderança que hoje conhecemos, e que veremos a seguir.

1.3 – Os conceitos de líder e/ou liderança desenvolvidos hoje (tempos ditos PÓS-MODERNOS)

I

O que é a pós-modernidade? Sob-bases político-econômicas, a pós-modernidade, em resumo, é entendida e/ou traduz-se, entre outras coisas, como:

1- tempo de globalização das economias;

2- tempo do surgimento de empresas ou organizações, além de multi, transnacionais;

3- tempo de sistematização do capitalismo financeiro (muitas vezes especulativo); e, no campo do acesso à informação:

4- tempo de planetarização dos meios de comunicação, fazendo-se com que o mundo, quase em tempo real, esteja interligado virtualmente.

II

Nesses tempos hoje ditos pós-modernos, sendo assim, existem quatro grandes estudiosos sobre liderança que aqui abordaremos. São eles: A- Peter Drucker; B- John Garner; C- Chiavenatto; D- e Hersey & Blanchard.

A - Para **Peter DrucKer**, considerado por muitos uma espécie de guru da administração, por exemplo, existem três conceitos de líder e/ou liderança que se concatenam, a saber:

1- "A única definição de líder é alguém que possui seguidores. Ou seja, algumas pessoas são pensadoras e, outras, profetas. Os dois papéis são importantes e muito necessários. Mas, sem seguidores, não podem existir líderes."

2- "O líder eficaz, sendo assim, não é alguém amado e admirado. É alguém cujos seguidores fazem as coisas certas."

3 – "Nesse sentido, popularidade nem sempre é liderança, uma vez que a mesma precisa vir acompanhada de resultados."

III

B - Já para **John Garner**, segundo ideias centrais de alguns de seus livros:

> "Liderança é o processo de persuasão, ou de exemplo, através do qual um indivíduo (ou equipes de liderança) induz um grupo a dedicar-se a objetivos defendidos pelo líder, ou partilhados pelo líder e seus seguidores."

C - Para **Chiavenatto**, talvez o autor mais lido e debatido das últimas décadas sobre a referida temática, por outro lado:

> "Liderança é a influência (força psicológica) interpessoal exercida numa situação e dirigida através do processo da comunicação humana à

consecução de um ou de diversos objetivos específicos."

D - Nas palavras de **Hersey e Blanchard,** parecendo-se seguir uma linha semelhante à de Chiavenatto:

> "Liderança é o processo de exercer influência sobre um indivíduo ou um grupo de indivíduos nos esforços para a realização de um objetivo em uma determinada situação."

IV

Como se percebe, mesmo hoje, era dita pós-moderna, são muitos e diferentes os conceitos sobre líder e/ou liderança desenvolvidos.

Nesse sentido, pensa-se, faz-se necessário o desenvolvimento de um axioma-amálgama, ou seja, um conceito resumido, mas, que, na mesma via, traga em si a essência de todos senão dos mais importantes deles até aqui estudados. Sendo assim, em sentido específico, resumido, mas ao mesmo tempo buscando concatenar uma ideia *geral*, pode-se dizer, **conceituando**, frise-se, que:

1- Liderança é um conjunto de métodos, valores, estratégias e princípios por meio dos quais um gestor se faz capaz de transformar um grupo de trabalho (ou também a si mesmo) em uma equipe geradora de resultados satisfatórios.

Em outras palavras:

2- Liderança é a capacidade de, de forma ética e responsável, sensibilizar, motivar, entusiasmar e/ou influenciar pessoas (ou também a si mesmo) para que, voluntariamente, possam as mesmas nutrir esforços rumo ao alcance de metas e/ou objetivos.

Esclarecidos e/ou definidos os conceitos de líder e/ou liderança, vamos então agora as funções do líder.

1.4 – A função do líder

Dentro da lógica do contexto até aqui estudado, pode-se dizer então que o papel do líder, em síntese, seria o de:

1- Contribuir para que seus liderados cresçam pessoal e profissionalmente a partir da incorporação de valores e princípios, isto é, alcançando mudanças de hábitos e/ou comportamentais.

2- Ajudar os liderados a não fugirem de realidades e/ou cenários hostis, encarando-os de frente (responsavelmente), buscando mudanças essenciais e não apenas paliativas.

3- Entusiasmar os liderados de modo que, automotivados, possam os mesmos se desenvolver e liberarem todos os seus potenciais;

4- Ensinar pensamentos já pensados aos liderados, mas, além disso, provocá-los também ao exercício do livre pensar, ou seja, ao desenvolvimento da autonomia intelectual, de modo que eles possam buscar também aprender a aprender;

5- Compartilhar responsabilidades;

6 – Ensinar os liderados a saírem do foco do problema, colocando sempre como foco a solução;

7- Saber identificar, reter e valorizar pessoas de alta performance, isto é, os talentos da empresa ou organização;

8 – Sistematizar o foco na tríade "Ação, desenvolvimento e alcance de resultados qualitativos", ou seja, chamando a atenção dos liderados também para a importância da busca pela qualidade no processo.

1.5 As quatro formas diferentes de se liderar ou exercer a liderança

Ser líder, como até aqui se viu, em síntese, é sinônimo de guia e/ou vanguarda e, liderar, nesse sentido, é o mesmo que dirigir, conduzir ou guiar na condição de sábio (em outros casos específicos, fora das organizações empresariais, sinônimo também de profeta, etc.). Existem quatro formas de se liderar um grupo, ou seja, de se exercer o poder para poder fazer com que uma ou então um determinado grupo de pessoas se mova diligente e qualitativamente em prol do alcance de um objetivo ou meta, a saber:

1- Pela coerção e/ou coação – ou seja, pela via da imposição, da força do cargo que se ocupa dentro de uma dada hierarquia, sob a ameaça de demissão e/ou de qualquer outra forma de punição, caso não se cumpra o que foi determinado;

2- Pela ideologia, ou seja, por meio de ideias e valores externos ao indivíduo, provindas de treinamentos de funcionários e/ou "educação empresarial" (dinâmicas de sensibilização de grupo, etc. que, entre outras coisas, fazem com que os colaboradores internos da empresa possam agir eficazmente com uma vontade que lhes pareçam suas);

3- Pela motivação financeira, isto é, através de possíveis ganhos advindos do alcance de metas e afins (como as políticas de participação nos lucros, prêmios, etc.);

4- Pelo respeito, admiração e confiança que o líder demonstra aos membros do seu grupo e, dessa forma, é assim também percebido por eles, culminando-se no poder pessoal, ou seja, no **poder de influenciar pessoas e/ou cooptar colaboradores.**

Tirando-se os moldes de liderança do tópico um, que são específicos das instituições coercitivas do Estado, como da polícia, do judiciário, etc., todos os outros tipos, quando utilizados com sabedoria, são capazes de gerar resultados significativos para aquele que lidera.

Entretanto, o mecanismo de liderança mais eficaz e eficiente, isto é, que se traduz no baluarte, no carro-chefe de todos os outros meios de liderança, sem sombra de dúvidas, é o do tópico quatro.

Ou seja, se o líder não é visto e nem sentido como sábio, como padrão de qualidade de liderança pelos seus liderados, pouco poderá ele fazer, mesmo se utilizando dos outros meios, para poder alcançar seus objetivos.

Em outras palavras, para poder ser o líder dos outros é preciso, antes, também poder ser líder de si mesmo, no sentido de estar buscando sempre o próprio aprimoramento; no sentido de estar buscando sempre o seu próprio crescimento pessoal e profissional. Nesse sentido, todo líder, para ser um líder de fato; para ser um líder dotado de "qualidade humana e gerencial", precisa ter também, além da formação que lhe é exigida para o cargo, um "quê" a mais do que os seus liderados, isto é, precisa ser dotado de alguma qualidade ou habilidade que o grupo de liderados reconheça, e que, a partir e/ou por meio dele, desse diferencial, o admirem e o respeitem.

Conceituando: para ter e/ou tomar sobre si a condição de líder, o indivíduo deve trazer em si, em seu ser, as capacidades, habilidades e/ou competências para de fato ser um, isto é, precisa ser essencialmente dotado de qualidade humana e gerencial, e não estar exercendo a referida função apenas por mero clientelismo.

1.6 Os líderes empresariais no séc. XXI

Dando-se sequencia ao tópico anterior, os líderes das organizações (século XXI) não podem mais se esconder atrás dos seus cargos e/ou poderes institucionais (às vezes até mesmo carismáticos) de liderança.

O carisma serve muito bem a políticos, religiosos e/ou profetas e artistas, mas não propriamente aos líderes empresariais.

Os líderes empresariais, por estarem sempre em busca de resultados, precisam, todos os dias, mediante o diálogo, princípios de fraternidade, ética e respeito ao próximo, além da competência, inteligência e/ou sabedoria gestora, conquistarem, construírem e reconstruírem as suas autoridades no dia-a-dia.

A hierarquia, os cargos de liderança, nas empresas pós-modernas, não podem e não devem mais ser instituídos verticalmente, de cima para baixo, por meios clientelistas, por meio de troca de favores, apadrinhamentos, mas dados através de processos seletivos, pautados na capacidade intelectual, de desempenho; de aprendizagem e/ou de pesquisa do líder.

Ou seja, para ser líder, hoje, não deve ser preciso somente saber (ter uma boa formação cultural ou especializada), mas também ser autônomo intelectualmente, isto é, ser capaz de "aprender a aprender".

O líder de hoje precisa gostar de dialogar, mas também mais de ouvir do que propriamente falar, estando sempre disposto a mudar de estratégias em virtude desses mesmos processos dialógicos.

Nesse sentido, esse mesmo líder não pode confundir autoridade com autoritarismo. Isto é, ele precisa construir a sua autoridade por meio do desenvolvimento da capacidade de fazer com que os seus liderados deem o seu melhor de si nos projetos e/ou metas sob as quais venham a estar, enquanto grupo ou time de trabalho, envolvidos.

Nesse sentido, os líderes das grandes ou pequenas organizações no século XXI devem estar atentos a algumas situações-problemas bastante comuns no cotidiano das empresas. Eles não devem, por exemplo, olhar com bons olhos funcionários que nunca discordam deles, pois isso pode indicar **dois problemas**:

A - que o líder é percebido, pelos liderados, como sendo um ser autoritário e que se coloca para os colaboradores internos como sabichão e/ou dono da verdade.

B - que há, no líder, falta de personalidade, autonomia intelectual e produtividade.

Nesse caso, quando se precisar desse colaborador interno para a possível resolução de algum problema organizacional mais complexo, ele, esse funcionário, provavelmente acreditará que está sendo testado e, amedrontado, não trará grandes contribuições para a empresa. Nas organizações, frise-se:

> **"A produtividade precisa ser, antes de tudo, não uma exceção, mas a regra, e, o líder, precisa deixar isso claro para os seus liderados..."**

Todavia, esse mesmo líder, antes, precisa aprender também a ser dialógico para que isso, de fato, enquanto regra, aconteça. Ou seja:

> **"O líder do século XXI não pode e não deve permitir que os seus liderados confundam intimidade com afetividade, isto é, que concebam a intimidade e/ou dissimulada afetividade como sendo sinônimos de inteligência emocional."**

Se isso vier a de fato acontecer, os liderados, por exemplo, poderão achar que os seus líderes estão ali na empresa também para ajudá-los a resolverem seus problemas particulares, externos ao contexto da corporação, pedindo ao líder, por exemplo:

1 - aumentos descabidos de salários;

2 – promoções sem motivo;

3 - empréstimos para quitar dívidas e, ou mesmo, o que ocorre, na grande maioria das vezes, sem uma necessária e urgente importância:

4 - pedirem para se ausentar do trabalho, saírem cedo ou chegarem tarde, sem justificativas plausíveis.

Quando alguns desses fatos se dão da parte do líder para com o liderado, o mesmo começa a pedir aos funcionários da empresa para resolverem seus problemas pessoais e/ou familiares.

Todavia, em ambos os casos, **está-se confundindo** *afetividade com intimidade* **e, o pior: como se estas fossem sinônimos de inteligência emocional.**

Cabe ao líder saber que: **"afetividade, entre outras coisas, significa polidez no trato com o outro**, **fraternidade, respeito à pessoa humana e não tratamento diferenciado para com os grupinhos de amigos do chefe em relação aos demais liderados".**

Reflita-se sobre a seguinte questão:

"Se o líder faz acepção de pessoas, por que é então que os seus outros liderados, aqueles que não são "amiguinhos do chefe", darão o seu melhor para a organização que ele gerencia e/ou comanda?"

1.7 O novo perfil gestor ou administrativo

O que se deve começar dizendo é que, no que tem sido hoje entendido como sendo os fundamentos *(perfis)* correspondentes a uma gerência de qualidade – em razão das constantes crises econômicas capitalistas –, estão dadas, em síntese, as capacidades, competências e/ou habilidades de, muito além de meramente ser um administrador e/ou gestor, ser também:

1- **Empreendedor** (desenvolvedor de novos e/ou inovadores negócios, produtos ou serviços);

2- **Inovador** (ser capaz de agregar valor aos produtos e/ou serviços já criados);

3- **Gerador e/ou criador de novas formas de prosperidade** a partir da Administração dos fluxos de caixa da organização, criando-se, a partir dos mesmos, múltiplas e variadas formas de novos investimentos, fazendo assim a empresa e/ou organização, ao longo do tempo, prosperar (isto é, não falir, morrer e/ou entrar em déficit).

Pode-se inclusive começar dizendo também que um gestor e/ou administrador de qualidade, isto é, dotado de **qualidade humana e gerencial**, é aquele que (entre muitos outros axiomas que veremos ao longo deste trabalho), além de ser capaz de aprender ou de ter aprendido pensamentos administrativos, imprescindivelmente:

> *"É capaz também de aprender a aprender, ou seja, de aprender a pensar criativamente sobre a Gestão ou Administração de qualquer negócio ao qual supostamente venha a estar envolvido", transformando-se no mesmo que uma espécie de Gestor-*

pesquisador. Isto é, transformando a organização numa espécie de empresa-escola em prol da busca pelo alcance permanente da qualidade e/ou da prosperidade." (grifo meu)

Na verdade, como se pode perceber, na definição desse primeiro conceito, está-se falando não das mudanças acessórias e externas da gerência, como, por exemplo, através de medidas paliativas, por meio da sua inserção em workshops e/ou cursos de qualificação ou capacitação, mas:

1- Da sua mudança em relação à busca de conhecimento;

2- Da sua mudança em relação ao ato de conhecer;

3- Da sua mudança de postura em relação às diuturnas mudanças sociais, ou seja, em relação às variantes externas, sejam estas ocorridas:

4- No campo da política,

5- No campo da economia,

6- No campo da ciência e tecnologia ou de outro qualquer, culminando-se no desvelamento de cenários positivos ou negativos, que os impelem a questionamentos gerenciais tais como:

a- O que fazer?

b- Como devo gerenciar e/ou administrar num período de rupturas e mudanças permanentes externas que, ao mesmo tempo, dizimam, aniquilam e fazem brotar, às vezes do nada, problemas gerenciais internos?

Isto é, inserções constantes da gerência e/ou dos gerentes em programas de atualizações gerenciais são necessárias, mas quase sempre paliativas: aumentam os custos e, na maioria das vezes, não resolvem os problemas das supostas faltas de "qualidade humana e gerencial" dos gestores.

Em outras palavras, "Títulos acadêmicos, nos dias de hoje, são importantes, mas não imprescindíveis".

Imprescindível, necessário, é o Gestor ser capaz de pensar, pesquisar e construir conhecimento e/ou soluções práticas em tempo real. Imprescindível, hoje, para o desenvolvimento de uma "qualidade humana e gerencial" é, além de princípios de formação polivalentes e/ou politécnicas, também:

1- Uma sólida formação cultural que permita ao gestor, ao executivo, poder enxergar o mundo como um todo, complexo e interativo, muito além da sua mera formação e/ou especialização paradigmática (experiencial ou acadêmica);

2- Ter desenvolvidas as capacidades, habilidades e/ou competência de aprender a pensar, além de somente aprender pensamentos administrativos, tornando-se, assim, um pesquisador, um construtor de novos conhecimentos;

3- Tornar-se, além de gestor ou administrador, também um empreendedor, ou seja, um ser criador de novos empreendimentos e, na mesma via, solucionador de problemas financeiros, objetivando sempre manter a empresa e/ou o grupo que representa em situação de permanente prosperidade.

Na verdade, está-se falando aqui não somente dos requistos necessários aos novos perfis de gestores ou administradores, mas também de uma nova e necessária formação de lideranças ou líderes.

Essas são questões que veremos de forma mais sistemática no capítulo a seguir.

CAPÍTULO 2

As organizações como espaço-tempo de ensino-aprendizagem

I

A partir da década de 90, quando Gardner apresentou-nos a sua teoria das inteligências múltiplas - entre as quais se inclui aquela denominada, por ele, de inteligência emocional (interpessoal e intrapessoal) - as organizações e/ou instituições, em especial escolares e empresariais, depararam-se com uma necessidade imperativa: reverem seus conceitos, objetivos e valores. Na educação, por exemplo, começou-se um processo dialógico a respeito dos aspectos que envolviam e/ou envolvem as relações intrínsecas e substanciais entre *resistência afetiva* e *resistência cognitiva* nos processos de ensino-aprendizagem. Ou seja, discussões a respeito da ideia de que, frise-se:

> **"Não se aprende nada de significativo com quem não se gosta; e de que também não se aprende nada do que não se gosta."**

Além disso, dentro e fora da educação, abarcando-se todos os níveis das diferentes esferas sociais, começou-se também um questionamento acerca da prerrogativa de que, frise-se outra vez: *"Se há inteligência na emoção e/ou, então, ao contrário, se há emoção na inteligência."*

Nas grandes organizações (públicas e/ou privadas), que se traduzem aqui como cerne das nossas discussões, por outro lado, sistematizou-se uma preocupação mais específica com as relações humanas. Segundo especialistas em recursos humanos, a suposta falta de inteligência emocional (falta da capacidade para se relacionar e/ou para trabalhar em grupo e/ou time), por parte do capital humano das mesmas, seria um dos principais fatores responsáveis pela queda de produtividade, competitividade, etc., acarretando-se, inclusive (associada esta a múltiplos outros fatores), a decadência de muitas empresas, produzindo-se, consequentemente, também muitas demissões.

Nas grandes organizações, nesse sentido, a chamada inteligência emocional passou a significar então um pré-requisito indispensável, ou seja, uma competência, capacidade ou habilidade a mais imprescindível à entrada e permanência do trabalhador nas empresas.

No caso específico das organizações empresariais privadas, marcadas estas pela competição acirrada em tempos de globalização, tornou-se ela, essa mesma chamada inteligência emocional, um fator dito imprescindível na formação do trabalhador, na medida em que, acreditava-se e/ou acredita-se que:

> **"Se a alma de uma empresa são as pessoas, atuando estas em times e/ou grupos de trabalho, ela (a inteligência emocional) seria então capaz de fazer qualquer empresa reviver, ou seja, não sucumbir ou morrer frente aos seus concorrentes."**

É notório que, hoje, em pleno alvorecer do século XXI, qualquer ser com o básico de conhecimentos não ousaria negar a relação intrínseca existente entre "aumento de produtividade e inteligência emocional."

Isto é, um ambiente onde as pessoas respeitam as suas diferenças e, fraternalmente, se inter-relacionam em prol do alcance de objetivos comuns, desprovidas de qualquer espírito ególatra, há sempre enormes chances de se chegar ao sucesso e bem estar, não somente da organização, mas também de todos, social e individualmente falando.

Qual de nós, numa atividade lúdica qualquer, como numa partida de futebol, por exemplo, não se sentiu pessoalmente feliz e grupalmente transbordante de alegria pelo simples fato de, enquanto jogador de um time, não se importando a posição, ter, de alguma forma, contribuído para fazê-lo sair-se vencedor de uma simples partida e/ou mesmo de um campeonato?

Nessa hora, não importa quem fez o gol da vitória e nem tampouco quem foi o melhor em campo: o que importa é que, todos, tendo dado o melhor de si, de acordo com as suas funções e capacidades, ganharam juntos o direito justo de igualmente saboreá-la e/ou comemorá-la como se a vitória de todos fosse também o mesmo que a vitória de um. Vale-nos, aqui, até lembrarmo-nos da famosa máxima do saudoso filósofo e músico Raul Seixas: *"Sonho que se sonha só é somente um sonho; mas, sonho que se sonha junto, é realidade"*.

Talvez, nessa hora, o leitor esteja indagando-se: Mas o que é de fato inteligência emocional?

2.1 O que é inteligência emocional?

A inteligência emocional é composta de duas outras inteligências: a intrapessoal e a interpessoal. Inteligência intrapessoal é conhecer-nos a nós mesmos; conhecermos as nossas capacidades e limitações; conhecermos os nossos temperamentos emocionais e sabermos, por exemplo, como é que supostamente reagiríamos diante de supostas determinadas situações cotidianas. Por exemplo:

1 - Se de forma explosiva ou dialógica;

2- Se de forma criativa e motivada ou passiva, isto é, paralisados e/ou desmotivados, por contrairmos mágoas dos outros.

Inteligência interpessoal é, a partir da compreensão, para si mesmo, do como se é emocionalmente (inteligência intrapessoal), podermos também – descobrindo-se o que os diferentes grupos esperam de nós – dar o nosso melhor (em processo sócio-interativo) ao grupo do qual fazemos parte, contribuindo assim para tornar essa coletividade ainda melhor do que é com a nossa simples presença ou participação.

Ou seja, um grupo é aquilo que, formado por duas ou mais pessoas, constitui-se como algo que é melhor, infinitamente superior, ao que as pessoas que o compõem são capazes de ser sozinhas.

Inteligência emocional, nesse sentido, consiste em não aprender a potencializar a raiva, o rancor, a mágoa, a inveja, o preconceito, etc., ao ponto de, por meio desses sentimentos, tornar-se também incapaz de conviver e/ou trabalhar com o outro e/ou com os outros em nome de um objetivo comum.

Inteligência emocional também não é, como talvez possam pensar muitos, dissimulação e/ou fingimento para com o outro e/ou os outros, mas o mesmo que a capacidade de transcender o que se sente em nome de causas maiores, mesmo porque, nem sempre os sentimentos que se nutrem, em relação às outras pessoas, têm origens em fatos concretos e/ou reais, mas, na maioria das vezes, imaginários.

São muitos os casos, por exemplo, de pessoas que se encontram e – mesmo sem nunca terem antes se conhecido – nutrem sentimentos gratuitos recíprocos de hostilidade ou empatia em relação aos outros. No Brasil, por exemplo, em relação à hostilidade, quando esses fatos acontecem, algumas pessoas dizem:

1- "que o santo não bateu";
2- "que não se foi com a cara dela (da pessoa)";
3- "que a outra pessoa não parece ser uma boa pessoa";
4- "que a fulana ou o fulano tem cara disso e/ou daquilo" e etc.

2.2 O uso antiético e/ou indevido da inteligência emocional

O problema de muitas organizações está justamente aí, ou seja, a linha que separa o insucesso ou o sucesso de uma empresa, no que se refere às relações humanas, é muito tênue, na medida em que poucos são aqueles que, mesmo em posições de liderança, conseguem percebê-la: muitos, mesmo em cargos de liderança, nas grandes, médias e pequenas empresas, confundem Inteligência emocional com a capacidade de "fazer panelinhas",

Isto é, confundem-na com a capacidade ou habilidade antiética de fazerem de tudo para se tornarem "amiguinhos dos chefes e/ou superiores, visando-se alcançarem, a partir daí, apenas alguma promoção e/ou receberem um tratamento dito diferenciado". A regra, nesses grupos, por mais absurdo que possa parecer, não é propriamente produzir e/ou dar o seu melhor para o grupo, mas apenas concordar com tudo o que os superiores dizem, procurando não desequilibrá-los e/ou causar-lhes qualquer tipo incomum de constrangimento.

Sendo assim, a inteligência emocional, na maioria das vezes, nas organizações, é entendida como sinônimo de improdutividade, falsidade, "puxa-saquismo", sintetizados e substanciados numa espécie de "arte racional da dissimulação".

Nesse sentido, para aqueles que a compreendem assim, quanto mais falso e/ou dissimulado se for, maiores as chances, pensam erroneamente muitos, de se garantir o emprego e/ou de conquistar uma suposta promoção, uma vez que, a regra, nesses casos, não é propriamente se tornar produtivo para a empresa, para o grupo de trabalho, tornando-o forte, mas apenas a de se criar laços de "intimidade", por também confundi-la com o mesmo que "laços de afeto".

2.3 Diferenças entre intimidade e afetividade

Intimidade é algo que se tem com pessoas íntimas: cônjuges, namorados, namoradas, etc., mas não com colegas de trabalho dentro da organização, ainda que, em alguns casos, alguns mantenham tipos de relações dessas naturezas, conhecidas ou não de todos, dentro das mesmas. Isto é, dentro da empresa, entre colegas de trabalho, pressupõe-se, devem existir relações de afeto, fraternidade, parcerias, interações, diálogos, construção coletiva do conhecimento, busca pelo bem comum, mas não de intimidade. Relações de afeto, ao contrário das relações íntimas ou de intimidade, não significam ausência de conflitos, mas de poder viver-se situações de conflito mediadas pelo diálogo, na medida em que se entende que os objetivos do grupo, da organização, são maiores que os das partes. Inteligência emocional, por meio das relações de afeto, nesse sentido, resume-se também numa capacidade de tolerar: de respeitar às diferenças e/ou os diferentes, compreendendo-se possibilidades e limitações, procurando-se também, nesse sentido, torná-las essenciais para o grupo.

2.4 Empresa pós-moderna: lugar de aprendizagens, criação de novos conhecimentos e lucratividade

É correto dizer que, no mundo de hoje, alvorecer do século XXI, a empresa que não aprende nem cria conhecimentos, isto é, que não coloca os seres humanos que dela participam em situações interativas e dialógicas constantes de ensino-aprendizagem, está destinada a morrer.

Talvez alguns, nesse momento, diante da afirmação anterior, perplexos, perguntem-se:

> ***Ora, mas desde quando é a empresa uma instituição educativa?***

Pode-se dizer que, tirando-se os diferentes objetivos, de certa forma, desde sempre. Ou seja, as empresas não são os seus prédios, as suas máquinas, etc.: são as pessoas. Nesse sentido, para que as empresas sobrevivam é necessário que as pessoas que dela fazem parte possam ser capazes de aprender não somente pensamentos, mas também a pensar, o que implica serem capazes de:

1- Gerarem mudanças significativas;

2- criarem soluções criativas;

3- produzirem riquezas;

4- resolverem múltiplos e diversos problemas inusitados que, diuturnamente, sempre surgem nas mesmas.

Em outras palavras, frise-se:

"Organizações onde não se pode, por exemplo, discordar do chefe ou dos colegas de trabalho por medo de ser demitido, de sofrer alguma sanção, de ser taxado de temperamental, problemático e/ou

inconveniente, não há aprendizagem, ou seja, formação de sujeitos pensantes capazes de solucionarem problemas, sejam estes de que ordens forem."

Em outras palavras, as organizações são o mesmo que escolas ou universidades empresariais, embora muitos ainda não consigam compreender.

Não há mais tempo, por exemplo, para parte dos funcionários passarem anos fora da empresa estudando, mesmo fora do país, e depois voltarem.

As empresas de hoje precisam estar vivas: serem "time-space" (tempo espaço) de pesquisas e relações de ensino-aprendizagem para não morrerem (ao ficarem analfabetas para o mercado).

Por esta via, *a inteligência emocional* não pode mais ser entendida como uma espécie de mesmice programada, onde é proibido enxergar diferente, ou seja, vislumbrar outros horizontes. É preciso que, nas organizações, seja exaltada a diferença e desprezada a mesmice improdutiva do "coleguismo", onde a regra, nesses casos, ao contrário da busca pelo aumento da produtividade, é sempre a sistematização prévia do consenso.

Tudo isso, para alguns, pode parecer óbvio demais. Todavia, é preciso que se entenda que, às vezes, até mesmo o óbvio tem a sua complexidade.

As "panelinhas", dentro das empresas, por exemplo, precisam aprender duas coisas:

1- Que o que elas fazem não é fruto da inteligência emocional;

2- Que elas precisam deixar de ser produtivas somente para si mesmas e se tornarem produtivas para o grupo de trabalho, para a empresa, senão o barco afunda e todos morrem.

Há casos de ditos profissionais que chegam a se utilizarem das "boas relações *íntimas*" (como se fossem de afeto) com colegas e/ou superiores para fins estritamente pessoais, almejando-se somente subirem na hierarquia da empresa sem nenhuma preocupação com a criação de produtividade para a mesma.

Em grande parte, as lideranças têm culpa nesse trágico processo:

1 - muitos deles dão valor à imposição e não ao diálogo;

2 - muito deles dão valor à submissão e não ao questionamento;

3 - muitos deles dão importância à improdutividade e não a produtividade, ainda que inconscientemente.

Muitos funcionários, dentro das organizações, nesse sentido, acabam acreditando que as suas funções dentro da empresa não são as de pensar e nem tampouco resolverem problemas, mas apenas cumprirem horários e executarem tarefas sem nenhuma relação direta com a produtividade.

As lideranças são as principais responsáveis, como co-dependentes, do surgimento e da sistematização desses grupinhos de amiguinhos e/ou de coleguinhas do chefe: esses, sem sombra de dúvidas, na qualidade deformada de "coleguinhas e/ou amiguinhos do chefe", são não somente os que menos produzem por confundirem afetividade com intimidade, mas também aqueles que, direta ou indiretamente, fazem muitas dessas organizações perderem qualidade e começarem a falir. Os líderes do século XXI não são mais medidos somente pela quantidade e qualidade daquilo que sabem, mas também pela capacidade que eles precisam ter de enxergarem e resolverem problemas reais, aqueles que diuturnamente afetam a saúde financeira da empresa, seja ela de que área for.

2.5 Conhecimento é poder

Vive-se um tempo em que o conhecimento (informação) se tornou o ouro da sociedade. Todavia, informação não é o mesmo que sabedoria.

A mídia e a internet estão repletas de informações. A sabedoria, entretanto, é a capacidade de transformar informação e/ou conhecimento em saber contextualizado, teórico-prático, pragmático, repleto de sentido, permitindo ao seu detentor agir, por meio dele, de forma deliberada, intencional, isto é, agir com relação – como diria Max Weber – a fins e objetivos.

Sendo assim, as empresas precisam estar informadas, mas, acima de tudo, constituídas de sábios: de indivíduos capazes de criarem e/ou desenvolverem a sabedoria das mesmas, já que uma empresa é feita de pessoas, de seres humanos.

É fato que as empresas, hoje, estão automatizadas e muitos dos seus líderes acham isso o máximo. Todavia, elas estão, a cada dia, ainda mais frágeis, porque reféns e escravas daquelas outras empresas que criaram e criam esses mesmos processos automativos, na medida em que precisam estes também de periódica manutenção.

E mais: como as pesquisas técno-científicas nunca param, quando mudam as tecnologias, essas mesmas empresam se tornam obsoletas e precisam gastar rios de dinheiro trocando suas máquinas e programas.

As empresas, hoje, não precisam somente de máquinas inteligentes e, numa outra via, de robôs e/ou pessoas alienadas, com formação apenas específica, para operá-las, mas também de sujeitos pensantes. Isto é, foi-se o tempo em que os diretores das empresas é que precisavam pensar a empresa, tomando, do alto, em salas fechadas, todas as decisões estratégicas da mesma.

Essa empresa que não possui qualidade cognitiva entre os seus colaboradores, entre os seres humanos que a compõem, se ainda existe, está prestes a morrer.

As empresas precisam estar atentas à produção dos seus próprios conhecimentos, realizados estes através de constantes pesquisas bibliográficas, etnográficas, empíricas, quantitativas e/ou qualitativas, ou seja, precisam estar sempre procurando criar inovação, adequando-se às novas exigências mercadológicas.

As organizações no mundo de hoje precisam arregaçar as mangas, identificar e resolver problemas, buscando liderança e permanência no mercado, na medida em que o ouro (sabedoria) de uma dada empresa, na maioria das vezes, não é o mesmo da outra, ainda que estejam elas no mesmo ramo de atividade.

Isso explica, por exemplo, porque é que muitos fracassam explorando um mesmo determinado mercado e outros não. E, nesse sentido, não adianta uma empresa copiar a dita fórmula de sucesso de outra, porque a realidade é dinâmica e, sendo assim, mesmo que uma empresa alcance o sucesso sem a existência de sujeitos pensantes no seu grupo, ela não conseguirá se manter nesse mesmo sucesso (copiadamente) alcançado.

2.6 A empresa no séc. XXI

I

É imprescindível que as organizações do séc. XXI sejam espaços-tempo propícios ao diálogo, à aprendizagem e ao aperfeiçoamento das relações humanas, de modo que, todos, dentro dela, possam estar conectados, como uma espécie de rede de criação e construção de inovações, visando-se, em grupo, em time, fazer com que a mesma se mantenha e também possa vir a crescer no seu seguimento ou em outro qualquer de mercado.

Espera-se, por assim dizer, que, nela, por meio de uma qualidade gerencial, busque-se preservar a diversidade de formação e de competência dos seus colaboradores, fazendo-se com que a mesma possa, nesse sentido, também alcançar qualidade e inovação, tornando-se competitiva e visionária por meio dos diversos tipos de saberes que, em processo dialógico, venham a fazer parte da sua estrutura organizacional.

II

Os próximos capítulos, sendo assim, de uma forma didática, às vezes através da correlação com os principais conceitos dessa primeira parte, procurarão apresentar os novos axiomas que, hoje, alvorecer do século XXI, pensa-se, devem nortear o desenvolvimento desse perfil gerencial e/ou de liderança que aqui apontamos. Vamos a eles.

PARTE II

CAPÍTULO 3

Conheça-te a ti mesmo: faça uma autoanálise

"Uma vida não questionada também não merece ser vivida".
(Platão)

I

Se ainda não sabe, descubra quem você é e/ou então o que, até agora, você tem sido, conseguido ou não conseguido ser. E por uma simples razão:

Qualquer indivíduo psicologicamente saudável, antes durante e após as suas múltiplas e variadas ações e/ou atividades, em algum momento, ainda que inconscientemente, pela simples força do hábito, faz-se perguntas tais como:

1- Será que o que eu fiz foi o correto?

2- Será que eu poderia ter feito melhor?

3- O que os outros irão achar do que eu fiz?

Esses tipos de indagações, ainda que não se obtenha de imediato as respostas, são perfeitamente normais e, salvo raras exceções, demonstram que o indivíduo está, de certa forma, por ser um ser social e um animal político como dito por Aristóteles, procurando agir não somente de forma ética, mas também tentando encontrar um médio-padrão de qualidade para as suas ações, sejam elas pequenas ou grandes, realizadas no ambiente público ou privado.

A autoanálise aqui proposta, todavia, embora passe por esses e também por muitos outros questionamentos éticos e qualitativos, está pautada, em síntese, na capacidade que o indivíduo, nesse caso, enquanto gerente e/ou o executivo, precisa ter de conhecer a si mesmo, definindo-se, descobrindo-se, se ainda não sabe, entre outras coisas:

1- Seus pontos fortes e fracos;

2- Suas competências, habilidades e, numa outra via, suas incapacidades e/ou ignorâncias, ou seja, saber no que ele precisa se desenvolver; compreender o que o está impedindo de alcançar resultados expressivos e significativos, buscando assim superar-se nessa específica área;

3- A partir do entendimento de onde se está, no que se refere a sua formação, elaborar, a partir daí, um plano de carreira, buscando-se uma formação polivalente e politécnica.

Além disso, essa autoanálise deve ser feita buscando-se, ao mesmo tempo, fazer uma avaliação dos próprios resultados alcançados até ali, tanto na vida pessoal quanto profissional, sendo-se do jeito que se é ou que se tem sido e, na mesma medida, respondendo-se se está satisfeito ou não com eles, isto é, com os resultados alcançados.

Por exemplo, faça uma autoanálise sobre os últimos cinco ou dez anos por você vividos, avaliando-se, ou seja, responda-se se, sendo você da forma que é, com esses seus princípios e valores, com essa sua forma de ver o mundo, você está satisfeito com o que conquistou, não somente materialmente, mas em todas as áreas da sua vida, durante esses possíveis períodos de sua existência.

Se a resposta for negativa, ou seja, se você não estiver satisfeito, é hora de mudar. Por outro lado, se você estiver satisfeito, é hora também de mudar, tornando-se melhor do que já tem conseguido ser. Abandone aquele tipo de pensamento que diz que "se ficar melhor estraga".

Essa é apenas mais uma daquelas inverdades que os ignorantes inventam por não saberem que "tudo muda"; que "a única certeza é a mudança", como dizia Heráclito, grande filósofo grego da antiguidade.

Ou seja, por não saberem que toda realidade é dinâmica e não estática, eles, quando alcançam o sucesso ou algum estado de prosperidade, acreditam que ficarão nele para sempre, não precisando mais se desenvolver e, quando se dão conta, são superados pelos concorrentes, caindo na falência, tornando-se obsoletos, sem nem mesmo saberem como isso aconteceu.

Em outras palavras, ainda que a sua autoanálise lhe coloque numa posição confortável, de satisfação com o modo como até então você tem sido e com os resultados que tem alcançado, procure, mesmo assim, de alguma forma melhorar.

Lembre-se: não há nada que façamos que não possa ser melhorado um pouco, quando sentimos essa necessidade.

Lembre-se também daquele grande ditado japonês: seja hoje melhor do que ontem; e, amanhã, melhor do que hoje.

Resumindo, se não estiver satisfeito é hora de mudar; e, se estiver satisfeito, continue nesse caminho, ou seja, se ele está gerando resultados satisfatórios para você, a curto médio e longo prazo, aperfeiçoe-o, transforme-o num padrão de qualidade para você.

Por outro lado, se não estiver satisfeito, é porque é a hora certa de se buscar mudanças. Diz um ditado popular que "se você fizer a mesma coisa sempre, você terá sempre os mesmos resultados", mas essa é também outra meia-verdade.

Sendo assim, frise-se:

"Procure fazer coisas diferentes para obter resultados diferentes e/ou, então, procure fazer as mesmas coisas que você sempre fez de uma forma diferente e, muitas vezes também, se poderá obter diferentes resultados". (grifo meu)

II

Além desses pontos-chave, utilize-se dessa autoanálise, sem, todavia, comparar-se com os outros.

Como se sabe, todas as pessoas, apesar de serem iguais por pertencerem à mesma espécie, a dos homo sapiens, elas também são culturalmente e epistemologicamente diferentes.

Nesse sentido, não cabe comparação com os outros porque, nenhuma delas, dessas pessoas, durante os seus desenvolvimentos afetivo, cognitivo, sócio-motor e psicossocial, partiram do mesmo ponto inicial e, portanto, mesmo que diante das mesmas condições, tenderão a alcançar diferentes resultados.

Isto é, se autoavalie, mas sem construir complexos de inferioridade e/ou superioridade em relação aos outros, buscando compreender apenas quem você é, sua identidade, de onde você partiu e se está ou não satisfeito com os seus resultados.

CAPÍTULO 4

Procure dialogar e aprender com os outros

Pela autoanálise, como já mencionado, deve-se buscar definir a própria identidade e/ou então o que se tem sido e, se, efetivamente está-se ou não satisfeito, a partir dessa avaliação.

Sendo assim, descobrindo-se quem se tem sido, abrem-se duas alternativas pela via da flexibilidade:

1- Procurar aperfeiçoar-se, melhorar o que se é e/ou o que se está sendo e/ou conseguindo-se ser;

2- Ou, numa outra via, mudar radicalmente o que se é e/ou o que se está sendo e/ou o que se tem conseguido e/ou não conseguido ser, incorporando-se, a partir daí, novos valores, princípios e deixando outros, que criaram o fracasso e/ou, então, que não o conduziram à prosperidade.

A flexibilidade está em buscar, fora de nós, mediante diálogos e/ou inserções em grupos formais de aprendizagem, algo que possa nos tornar melhores do que somos, do que temos sido e/ou conseguindo ser.

Todavia, em ambos os casos, essa flexibilidade precisa sempre respeitar certos limites, ou seja, após a autoanálise, descobrindo-se os seus pontos fracos e/ou fortes, e buscando o diálogo e/ou a interação com outras pessoas, especialistas no seu problema, ou mesmo mediante participação em reuniões empresariais, work shops, colóquios, situações formais de aprendizagem, etc.:

"Procure aprender, com os outros, coisas que possam torná-lo melhor do que você é e/ou tem conseguido ser; que possam possibilitá-lo mudar o modo como tem sido sem, todavia, nesses mesmos processos sócio-interativos e/ou de aprendizagem, querer se tornar uma cópia de ninguém."

Em outras palavras:

1- "Seja você mesmo, mas nunca o mesmo sempre";

2- "Aprenda com os outros, mas não queira, nesse processo, ser uma cópia de ninguém", porque, exatamente por ser também impossível, esse processo dará origem a uma catástrofe social, ou seja, à formação:

3- de fantoches,

4- de seres incapazes de pensar, de criar, mas somente:

5- de aprender pensamentos e reproduzir modos de ser, de sentir, de agir, etc.

A flexibilidade cognitiva, no mundo pós-moderno capitalista ocidental, muitas vezes tem sido confundida como sendo o valor de, por exemplo:

> *"Deixar-se corromper até mesmo sobre o ser que se é, a fim de alcançar o dito sucesso, tornando-se um produto do meio, virando uma espécie de "Maria vai com as outras", ficando-se em cima do muro, tornando-se um copiador e reprodutor de opiniões alheias, transmutando-se em um capacho e/ou produto do sistema, etc."*

Nos casos da ditadura da moda e das políticas de consumo, por exemplo, determinados indivíduos acabam se tornando tão flexíveis ao ponto de confundirem as suas próprias identidades com as imagens simbólicas dos produtos, ditos de marca, que eles próprios consomem.

Segundo Martin Heidegger, filósofo alemão do final do século XX, o ser humano comum, na sua inserção social, durante o encontro com diferentes seres e/ou no confronto da vida social, tem o seu próprio eu destruído, arruinado no meio da massa humana, deixando-se de ser o que ele essencialmente é, transformando-se, por meio dessa coação e coerção sofridas, no que os outros querem que ele seja e não no que ele é ou realmente deseja.

Isto é, a flexibilidade, quando se trata de interação humana, de diálogos, de imersão em situação de aprendizagens, conscientes ou não, de todos os membros do grupo, precisa ter limites. Procure os lugares, os momentos e as pessoas certas para poder iniciar-se nesse processo.

Nos processos sócio-interativos são necessárias relações de respeito e confiança, entre quem ouve e quem fala, e vice versa, ou seja, entre emissor e receptor.

Flexibilidade cognitiva é, assim, também o mesmo que uma espécie de autodemocracia. Todavia, até mesmo na essência da democracia, a que surgiu na Grécia antiga e que foi deturpada nas sociedades ocidentais, havia limites, isto é, para poderem participar das decisões da polis Grega Atenas, por exemplo, não se poderia ser jovem, estrangeiro, ou mulher, mas apenas homens nascidos na terra, ditos cidadãos plenos, a partir de uma determinada idade.

Para alguns isso foi dado como preconceito, discriminação. Todavia, naquele período de

Atenas, a Grécia vivia em constantes conflitos entre suas cidades-estados e, além disso, o saber, para ela, era tido como uma das suas principais forma de poder. Sendo-se assim, na democracia, segundo eles, se precisava tomar decisões ditas sábias, importantes para a resistência de Atenas em relação aos seus inimigos.

Nesse sentido, as mulheres não podiam participar das decisões da polis porque elas, naquela época, só possuíam os conhecimentos domésticos; os jovens porque, segundo eles, ainda estavam em processo de formação; e, os estrangeiros, por pertencerem a outras pátrias, serem também, consequentemente, considerados inimigos potenciais.

Nesse sentido, frise-se:

> **"Não esteja, em nome da busca pela sua mudança ou**

aperfeiçoamento, predisposto a dialogar com qualquer um, em qualquer lugar, sobre qualquer assunto, a qualquer pretexto."

CAPÍTULO 5

Desenvolva sua sensibilidade

"Quase nada vem à mente sem antes ter passado pelos sentidos..."

Quando falamos do desenvolvimento da sensibilidade, estamos falando dos processos de aprendizagens, crescimento, desenvolvimento, melhorias e/ou aprimoramento que se dão, entre outras coisas, partindo-se, por exemplo, da pura e simples observação e/ou do contato com a realidade a partir da nossa realidade sensível, chamada, por exemplo, por filósofos como Aristóteles, de empirismo (palavra de origem Grega – "empiria" – e que tem o significado de experiência sensorial).

John Locke (1632-1704), no início da chamada era moderna, final do século XVII, passou a defender essas ideias Aristotélicas, chegando-se numa espécie de dogmatismo gnosiológico ao afirmar, por exemplo, que "nada vem a nossa mente sem antes ter passado pelos sentidos".

Dizia ele que, quando nascemos, a nossa mente é como uma folha de papel em branco, completamente desprovida de ideias.

O que se quer dizer, todavia, é que não aprendemos as coisas somente de forma racional, abstrata, através da apreensão de conceitos ou axiomas universais (a priori), como defendidos por Descartes, e que independem das nossas experiências sensíveis.

Sendo-se assim, para podermos desenvolver também esse canal de aprendizagem, visando-se nosso aperfeiçoamento ou aprimoramento, procure extrair conceitos, informações da sua própria realidade, seja ela corporativa ou de quaisquer outros ambientes sociais e a confrontá-las com os ditos saberes eruditos e universais que você supostamente possa estar acostumado a lidar.

Ou seja, a nossa realidade também é capaz de nos ensinar coisas importantes, caso estejamos atentos a ela.

Além disso, procure também, a fim de aguçar os seus sentidos:

1- Ouvir diferentes tipos de música, movido pela qualidade delas e não pelo estilo ou seguimento social a que pertençam; além disso, aprenda a identificar as pessoas pelas suas vozes, mas também os seus estados emocionais pelo timbre e pelo tom delas quando falam;

2- Aprenda a ver, por exemplo, os objetos, as coisas, por diferentes ângulos, no todo e nas partes, seja de forma concreta ou abstrata, através das visualizações por meio da própria memória, e também os fatos e situações sob diversos aspectos; muitas vezes, a linguagem visual fala mais do que qualquer outra coisa, como diferentes expressões faciais; modos de ser e de vestir; de se sentar e afins. Ou seja, desenvolva, em si, uma visão de águia e seja capaz de enxergar o todo e as partes, os detalhes, ao mesmo tempo, com olhos de tigre.

3- Procure provar novos sabores, a se lembrar das pessoas e das coisas pelos seus cheiros.

4- Procure tocar objetos ou pessoas e senti-las por meio de apertos de mão, de um abraço. Experimente tentar reconhecer pessoas ou coisas com os olhos vendados (essa pode ser uma boa dinâmica).

Nas sociedades ocidentais capitalistas contemporâneas, impregnadas de tecnologias que, em muitos e não raros casos, tem tornado os homens – como escravos delas – seres incapazes de pensar, eles, os homens, por esta via, tem tido também alguns dos seus sentidos atrofiados, sendo utilizados, na maioria das vezes, apenas a visão e a audição.

Entre os ditos deficientes visuais, todavia, por não terem a visão, observa-se um fato curioso: eles, como se fosse um processo natural de compensação, passam a ter os seus outros sentidos muito mais desenvolvidos do que as pessoas que não tem problemas para enxergar.

Descobri esse processo quando, ainda na condição de estudante universitário da UERJ, em meados da década de noventa, lia livros para eles como voluntário num projeto chamado "Rompendo barreiras".

Eles, qualquer um deles, identificavam-me e distinguiam-me de todos os outros ledores, assim como uns dos outros, pelo simples tom de voz, pelo odor e/ou pelo som dos nossos passos ao chegarmos ou sairmos.

O que se quer dizer é que, se você quer ou precisa se desenvolver, melhorar, aprenda coisas novas não somente a partir dos canais formais de aprendizagem. Não fique cego, displicente, para o mundo repleto de informações importantes que o rodeia, para a sua realidade sensível. Aprenda a lê-la! Isso por uma simples razão: não adianta saber o que se passa do outro lado mundo se você não sabe identificar e nem tampouco resolver os problemas que se lhe apresentam aí, no aqui e agora, onde você está.

CAPÍTULO 6

Motive-se, construa também utopias, além de sonhos...

A verdadeira motivação, além de ser diferente do mero "entusiasmo", é também intrínseca, ou seja, não é algo que vem de fora, mas, ao contrário (embora insistam em não querer enxergar alguns), o que vem de dentro.

Sendo-se assim, pode-se dizer também que ninguém pode, de fato, literalmente, motivar alguém que, de antemão, não queira e/ou não esteja propício a motivar-se.

Isto é, o máximo que uma pessoa pode fazer por outra, que não esteja motivada e não queira se motivar, é "entusiasmá-la", nunca motivá-la, por dois simples motivos:

1- O entusiasmo, por ser algo que vem de fora para dentro, é uma animação também passageira, um estado de bipolaridade, ou seja, a pessoa se entusiasma durante um tempo, mas logo depois volta ao seu estado inicial de apatia e desânimo;

2- A verdadeira motivação, ao contrário, por ser interna, vem originalmente da construção de um sentido macro para se poder viver que não esteja preso às futilidades do consumismo, mas à busca da realização de metas (mesmo aqueles ditas por muitos serem absurdas) e/ou então da construção de utopias, ao contrário somente de sonhos, para se poder viver.

Nesse sentido, por exemplo, uma pessoa pode ficar entusiasmada para ir fazer compras; para ir a uma festa; para comprar um carro, ou seja, entusiasmada para viver momentos de alegria que duram enquanto dura o momento da distração e que, logos depois de algum tempo, lhes fazem voltar ao estado normal, inicial, de inércia ou apatia.

Por outro lado, uma pessoa pode motivar-se:

1- para poder construir uma carreira de sucesso;

2- para poder deixar de ser um excluído socioeconômico;

3- para poder construir uma família;

4- para poder tornar-se independente financeiramente e, para, a partir disso:

5- poder ajudar as pessoas excluídas a deixarem de sê-las também.

Em outras palavras, o que se quer dizer é que, somente você pode construir e/ou desenvolver em si próprio a sua real motivação para viver e mais ninguém.

Ou seja, cada ser humano, ao ser lançado no mundo e ao tomar consciência do mundo em que vive, precisa construir a sua própria razão para viver.

E, é exatamente essa motivação que, aliada à fé na realização de projetos de vida, que irão distinguir os homens na vida social.

Certamente você já ouviu falar sobre um ditado popular que diz que "o homem é do tamanho dos seus sonhos".

Eu, todavia, digo-lhes mais que isso: "O homem é do tamanho das suas utopias".

Sonho é aquilo que é possível de se realizar e, que, muitas vezes, quando o realizamos, perdemos a nossa razão de viver e precisamos colocar outros sonhos no lugar para continuarmos a viver; a utopia, entretanto, é aquilo que as pessoas comuns dizem ser algo impossível de se realizar e/ou inatingível na prática. Entretanto, perseguindo as utopias, na construção desse caminho, realizamos sonhos que, às vezes, nem sequer tínhamos sonhado.

Sendo-se assim, precisamos ter, em nós, sonhos, mas, também, muito mais utopias, para podermos nos manter sempre animados e motivados, por outros dois motivos:

1- Se nós tivermos somente sonhos, ao realizarmos, primeiramente nos sentiremos alegres por tê-los realizados e, depois de algum tempo, novamente tristes, desanimados, por não termos mais outros e/ou outras razões para viver, sendo obrigados a criar outros sonhos;

2- Se nós tivermos em nós também utopias, além dos sonhos, teremos, então, uma razão para viver, uma motivação que não se esgota com a simples realização de sonhos realizados.

Isto é, as utopias, além dos sonhos, são importantes porque nos permitem estarmos sempre motivados para viver, caminhando sempre, inclusive realizando coisas, durante essa caminhada, que nem sequer sonhávamos e/ou antes idealizávamos.

CAPÍTULO 7

Ao escolher ou definir seus objetivos, metas ou planos, mantenha-se no foco deles até de fato atingi-los.

Existem pessoas (por uma série de razões inesperadas), que, durante as suas atividades, durante os seus trabalhos, não conseguem concluir o que começaram e/ou o que traçaram enquanto metas e/ou objetivos para as suas vidas. Por exemplo, alguns decidem entrar numa faculdade e, logo depois, durante a estada no curso:

1- Descobrem que não estão fazendo de fato o curso que querem e, abdicando do mesmo, procuram outro curso para fazer e/ou decidem fazer qualquer outra coisa na vida que não lhes exija o nível superior;
2- Casam-se e, tendo que se manter e manter as despesas de uma família, elas

decidem entrar no mercado de trabalho, trancando a matrícula. No caso de algumas mulheres, que não são raros, engravidam sem se casarem e passam a moverem-se em prol do filho.

3- Arranjam um emprego, ganhando bons salários e, não conseguindo conciliar trabalho e estudo, trancam também suas matrículas e/ou abandonam seus cursos, etc.

Poderíamos, aqui, enumerarmos uma série desses exemplos, ou seja, de pessoas que, por falta de reflexão sobre de fato o que querem para as suas vidas e também de um planejamento inicial, ao definirem seus objetivos, acabam também por defini-los mal, perdendo o foco, não conseguindo atingi-los ou alcançá-los como idealizaram.

Muitas pessoas, desconhecendo o tamanho desse problema, ou seja, o impacto desses fracassos e/ou insucessos para a vida psicológica delas, tentando-se justificarem também os seus próprios fracassos, quase sempre, dizem:

1- "O dia de amanhã pertence a deus", ou seja, como se ela não tivesse que ter qualquer tipo de responsabilidade com a sua vida, com o seu futuro;

2- "Nenhuma realidade cabe num ideal";

3- "Errando é que a gente aprende";

4- "A vida é feita de imprevistos" (isto é, às vezes, inconscientemente, apenas respondemos a estímulos externos tentando nos adaptar as novas circunstâncias que nos são impostas).

Tudo isso que os fracassados e/ou perdedores dizem tem o seu grau de verdade e de mentira juntos: são apenas meias-verdades.

Ou seja, esses não são os reais problemas pelos quais eles perdem os seus focos, pelos quais não se realizam; pelos quais não alcançam o sucesso no que fazem.

O real problema é que eles, por falta de sabedoria para escolher o que de fato querem para as suas vidas e também por falta de um planejamento inicial, disciplina, motivação, abnegação, e também por falta de sabedoria para poderem enxergar o real "X" do problema, justificam os seus próprios fracassos dizendo, para si mesmos e, também para os outros, para as pessoas que os presenciam fracassar, todas essas meias-verdades postuladas acima.

Consequentemente, devido a esses transtornos psicológicos que elas causam a si mesmas e também aos outros, contando e recontando (como justificativas) as suas histórias de fracasso, elas também contaminam o grupo e/ou os grupos dos quais participam, que, ainda que inconscientemente, passam a encarar o fracasso e/ou o não alcançar-se metas, planos e objetivos traçados, com sendo algo completamente normal, natural, aceitável, isto é, como algo que faz parte da vida.

Deve-se reconhecer, entretanto, dado que quase toda regra tem exceção e/ou mesmo exceções que, apenas uma pequena parcela das pessoas que mudam seus planos, metas e/ou objetivos, em virtude das variáveis externas, consegue, depois disso, se reorganizar e alcançar algum sucesso. Todavia, não se devem utilizar esses casos específicos como parâmetros de universalidade, ou seja, a flexibilidade é sempre bem vinda, mas, por outro lado, a perda de foco é inaceitável, na medida em que:

> *"Além de significar a falta de metas e/ou à existência de um mau planejamento inicial, tornar-se-á também uma espécie de sinônimo da certeza do fracasso."*

Portanto, seja flexível, sabendo-se, todavia, como já mencionado nos capítulos anteriores, que a própria flexibilidade precisa ter limites. Isto é, você pode até aprimorar ou mudar o seu foco: O que você não deve é perder o foco.

Se você perdê-lo, será como um carro, em alta velocidade, sem direção, sem motorista, provocando danos talvez irreparáveis a você mesmo e/ou também a outras pessoas. E, sendo assim, além de não conseguir chegar aonde você deseja, terá também outros grandes prejuízos, como perda de tempo e dinheiro, atingindo-se um fracasso total.

CAPÍTULO 8

Desenvolva um espírito empreendedor

I

Empreender, como se sabe, é diferente de administrar. Administrar, como já foi dito, mas que aqui também se faz imprescindível redizer, "é o conjunto de princípios, normas e funções que tem por fim ordenar e estruturar o funcionamento de uma organização (empresa ou órgão público)." Empreender, por outro lado, é o mesmo que:

1- Propor-se a algo novo;
2- Criar novos empreendimentos, ou seja, conceituando:
3- "Empreender é a busca da novidade e/ou da inovação – pela via da sabedoria, aliada

a criatividade - pautadas numa iniciativa atrelada a uma visão de mercado, isto é, motivada:

4- Pela falta do medo de errar;

5- Pela falta do medo de perder dinheiro;

6- Pela falta do medo de recomeçar, em qualquer área e, numa outra via:

7- Motivada também pela busca do alcance do sucesso pela via da busca da liderança e/ou da descoberta de novos mercados potenciais e/ou público-consumidores".

Em outras palavras, Empreender:

1- É ser capaz de inovar;

2- De criar, pela inteligência, pela sabedoria, acoplada, às vezes, ao talento individual:

3- Novas formas de se gerar prosperidade, nunca, muitas vezes e/ou antes tentadas. Ou, antes:

4- Mal tentadas, seja no desenvolvimento de novos produtos, seja no de novos serviços para um determinado grupo e/ou fatia de mercado.

II

No mundo globalizado do início do século XXI em que se vive, os países que mais têm se mantido no topo, ao longo de décadas, economicamente falando (como os EUA, China, Japão, Suécia e também muitos outros países da Europa), são também aqueles que mais empreendem, isto é, são aqueles que mais e constantemente investem em inovação.

Hoje, por exemplo, a maioria dos produtos de alta tecnologia é patenteada nesses países acima citados, apesar também de, muitos deles, por uma questão de redução de custos de produção, serem produzidos na China e/ou em outros lugares fora da Europa e da América do norte. Embora muitos não saibam, no primeiro semestre do ano de 2013, o Brasil, país da

América do sul em processo de desenvolvimento, por meio da sua presidenta, anunciou um investimento da ordem de exatos 36 bilhões de reais, (aprox. 18 bilhões de dólares), em inovação, sendo, nesse caminho estratégico para a sua economia, o único da América latina – levando-se em consideração a importância dessa temática – a dar um salto qualitativo na sua política econômica de médio e longo prazo.

Felizmente, ainda que tarde, passou-se a ser compreendido pelo Brasil que as fontes de riquezas de uma nação são não somente aquelas ditas naturais, mas também artificiais, provindas da agregação de valor, por meio do uso inteligente das altas tecnologias e da inovação.

Ou seja, compreendeu-se que não adianta, para poder se desenvolver economicamente, produzir somente matérias primas e depois vendê-las por "x" para os países industrializados e/ou empreendedores que, ao transformá-las, ao agregarem valor a elas, revendem-nas, sob a forma de novos ou inovadores produtos e/ou serviços, pelo preço de mais de "10 x", por exemplo, para o próprio Brasil, país de quem comprou sua matéria bruta.

Se ainda nos resta alguma dúvida sobre o que postulamos acima, pergunte-se e responda-se:

Que riquezas naturais possuem, por exemplo, o Japão, além da sua conhecida cultura do arroz e, mesmo a China, os EUA e a Suécia para que, somente por meio delas, justifiquem-se estarem no topo das nações economicamente mais desenvolvidas do séc. XXI?

Riqueza natural é óbvio que – umas mais, outras menos – todas elas têm, mas nada que as façam serem, economicamente, as potências que são. Sem sombra de dúvidas, foram os investimentos em pesquisas, em inovação, que tornaram esses países lideres econômicos mundiais.

Os últimos 60 ou 70 anos do Japão nos servem como um excelente exemplo concreto. Durante a segunda guerra mundial, estando ele, o Japão, em guerra contra os Estados Unidos da América (liderando o grupo dos aliados), muitos soldados Japoneses, acreditavam que ganhariam a guerra por meio dos seus pilotos Kamikazes, chamados também de suicidas, que, no comando das suas aeronaves, lançavam-se juntamente com elas nas bases de ataques Americanas.

Os EUA lançou então sobre Hiroshima e Nagasaki, cidades japonesas, duas bombas atômicas, uma em cada uma delas, dizimando milhares de pessoas, nas suas grandes maiorias pertencentes à sociedade civil, vencendo, assim, então a guerra. Esse foi, sem dúvida, um dos maiores genocídios praticados na história da humanidade. Mais e/ou tão nefastos ainda do que aqueles praticados por Adolf Hitler. A diferença foi que, os aliados, encabeçados, pelos EUA, venceram, não perderam a guerra, como o líder Nazista.

III

Dados os necessários momentos para a nossa reflexão, Biocídios e/ou genocídios à parte, a moral da história e que o Japão, ao sair da segunda guerra mundial não apenas derrotado, mas também completamente arrasado e destruído, aprendeu da pior forma possível – que é aquela advinda da própria experiência – uma grande lição econômica que, depois de algumas décadas, a faria se tornar uma grande potência mundial. Ou seja, o Japão aprendeu, entre outras coisas, que:

> *"No mundo contemporâneo ou pós-moderno, o poder está não somente na força dos braços*

humanos ou nas convicções ideológicas e/ou culturais de uma nação, mas essencialmente no grau de educação e/ou de inteligência e/ou de sabedoria e/ou de desenvolvimento tecnológico do seu povo."

Sendo assim, o Japão, através de investimentos maciços em educação, desenvolvendo altas tecnologias e inovação, mudou - em seis ou sete décadas - a sua total realidade econômica, coisa que o Brasil, somente agora, parcamente, está começando o fazer.

Ou seja, a diferença entre o Brasil e o Japão é que, o primeiro, além de não ter investido também em educação de qualidade como deveria, somente agora, no ano de 2013, despertou para a temática da inovação.

No Japão, além do ensino escolar ser em horário integral, estuda-se também, inclusive, aos finais de semana. Isto é, o Japão mudou porque mudou grande parte dos valores que pertenciam a sua cultura. Mudou porque ele se permitiu mudar a sua maneira de ver o mundo.

No Brasil, apesar dos investimentos em inovação, ainda existe a cultura retrógrada, oriunda do período escravista, de que é somente trabalhando arduamente e/ou então se acumulando imóveis, em detrimento do investimento em educação de qualidade, que se é capaz de gerar riquezas, quando, por exemplo, numa conversa informal, ouve-se dizer que:

1- "Quem estuda demais fica maluco";
2- "Quem estuda é porque é filhinho de papai, ou seja, porque não tem nada para fazer";
3- "Que tudo o que era possível de ser inventado já o foi, etc.".

Ou seja, o que se quer dizer é que, o espírito empreendedor e/ou inovador, para poder ser desenvolvido em um ser humano qualquer, dentro de uma organização empresarial ou mesmo, via instituições educativas, por meio da formação dos cidadãos de um país, antes de tudo, prescinde também de uma decisão deliberada/intencional em busca da mudança de alguns valores culturais; prescinde de uma mudança qualitativa na forma de ver e de interagir com o mundo, o que se torna impossível de qualquer ser vir a poder desenvolver sem o acesso a uma educação de qualidade.

Isto é, para poder desenvolver, em si, o espírito empreendedor, são necessários terem-se desenvolvidos, também, em si, habilidades, capacidade e/ou competências tais como:

1- Criatividade;

2- Iniciativa;

3- Capacidade de correr riscos;

4- Capacidade de entender que o insucesso, o erro, é parte do caminho do sucesso;

5- Entender que nem todos compreenderão suas ideias, estando-se disposto a ouvir críticas construtivas ou não e buscar melhorar a partir delas;

6- Administrar o medo para poder enfrentar circunstâncias adversas;

7- Aprender a avaliar tudo o que se faz rumo ao aprimoramento;

8- Cultivar a desinibição e o desenvolvimento da autoestima.

Em outras palavras, se você não está no Japão ou num desses países que são líderes em inovação e que possuem uma educação qualitativa a esse respeito, não fique esperando que esse espírito empreender, por meio das instituições educativas, incluindo-se aí as universidades e os cursos de pós-graduação, sejam desenvolvidos em você, mesmo porque, isso, pelos cenários que se vislumbram, ainda demorará muito para, efetivamente, poder vir a de fato acontecer (se é que algum dia por aqui isso aconteça).

O que eu quero dizer é que você deve procurar desenvolver-se a partir de meios próprios. Ou seja:

1- Seja o próprio agente da sua formação;
2- Procure bons livros sobre o assunto;
3- Participe e/ou construa grupos de estudos nessa área;
4- Participe de cursos, às vezes fora da sua área de atuação;
5- Procure, através de pesquisas e/ou estudos, desenvolver-se além das suas capacidades e/ou competências especializadas do saber, buscando fazer sempre uma integração entre as partes e o todo no ato de conhecer.

CAPÍTULO 9

Seja eficiente e eficaz: invista em qualidade

Esse capítulo trata do bom uso do tempo. Isto é, se você puder entender o que significa eficiência e também eficácia, consequentemente você estará propício a fazer um bom uso do seu, tornado-se, assim:

1- Uma pessoa mais produtiva;
2- Geradora de resultados significativos para a sua vida, seja a curto, médio ou longo prazo e, ao mesmo tempo:
3- Conquistadora de muitas vitórias, sucessos;
4- Realizadora de muitos dos seus sonhos.

Pois bem, frise-se:

*"**Eficiência** é fazer algo, uma atividade qualquer, da melhor maneira possível, com o máximo de perfeição que se puder fazê-la, logo da primeira vez".*

Em outras palavras, **eficiência** é o mesmo que alcançar a qualidade, fazer algo com o máximo da qualidade esperada possível, de modo que não seja preciso gastar-se tempo extra, dinheiro, etc., para poder refazê-las depois. Nesse sentido, frise-se outra vez:

*"Se **eficiência** é o mesmo que qualidade, o alcance da qualidade é também o mesmo que investimento, já que a ausência de desperdícios gera dinheiro em caixa para novos investimentos."*

Para que uma pessoa qualquer, todavia, venha a poder se tornar eficiente é preciso, antes, que ela abandone alguns mitos que, culturalmente, em muitas sociedades como a nossa, por exemplo, acabam se incorporando em suas psiques, pautados, através de hábitos de desperdícios, em maneiras errôneas, alienadas e/ou ignorantes de se pensar, do tipo:

1- Errar é humano;
2- Todos erram;
3- Até mesmo Deus errou ao ter feito o homem.

Por esta via irracional, muitas pessoas, nos mais diferentes espaços-tempos de trabalho não têm procurado alcançar o máximo de eficiência em suas atividades, simplesmente porque, ainda que inconscientemente, elas acreditam que errar faz parte da natureza humana, como se o próprio ser humano tivesse se originado ou sido criado, por Deus, com algum tipo de defeito.

Todavia, como se sabe, isso não é de todo verdadeiro. As pessoas, na grande maioria das vezes, erram por motivos múltiplos e diferentes, tais como:

1- Falta de atenção naquilo que estão fazendo;

2- Falta de conhecimento/informação sobre o "como fazer certo", afim de que se possa fazer certo logo da primeira vez.

3- Falta da capacidade de aprender a aprender, ou seja, falta da capacidade de aprender a pensar além de somente aprender pensamentos;

4- Por pura maldade, que é uma das formas irracionais e/ou espirituais de autossabotagem, ainda que muitos não saibam.

Portanto, se você quer ser **eficiente**, procure ter mais atenção nas coisas que faz; procure se informar muito bem antes de começar a fazê-las; desenvolva, em si, também a capacidade de aprender a aprender.

Ou seja, pesquisando em livros, dialogando com outras pessoas, observando a realidade e as pessoas, comparando ideias diferentes sobre um mesmo problemas, associando-as, criando-se soluções novas para antigos problemas e, além disso, eliminando a autossabotagem de si, que é a maldade contra os outros que, por uma consequência natural, volta para si mesmo, fazendo-se com que suas atividades saiam sempre erradas ou fora dos padrões de qualidade.

E o que vem a ser **eficácia**?

Eficácia, todavia, diferentemente de Eficiência, frise-se:

> *"É fazer somente o que, naquele momento e/ou espaço-tempo específico, precisa realmente ser feito".*

Ou seja, invista o seu tempo, sem desvios, mantendo o foco naquilo que realmente precisa ser feito, fazendo, nesse sentido, um excelente uso do seu tempo. Isto é, sendo-se, ao mesmo tempo, Eficiente e Eficaz.

Agindo-se assim, logo obterás bons resultados e, se ainda, na prática, não sabes, logo também descobrirás que tempo livre é o mesmo que liberdade para poder fazer outras coisas que possam lhe deixar ainda mais feliz.

A Inteligência transcendental, nesse sentido, aqui, está atrelada à ideia de que "qualidade é investimento", na mesma medida em que se decide não viver para trabalhar, mas a trabalhar para poder viver, tornando-se eficiente e eficaz e, sendo-se assim, ganhando-se também tempo livre para poder viver mais e melhor.

CAPÍTULO 10

Aprenda a delegar: delegar, antes de tudo, é saber investir em pessoas.

Delegar é conferir a alguém o poder de agir sob o direito de outrem, ou seja, é enviar numa missão ou deixar alguém, num determinado espaço-tempo de trabalho, com poderes para manter, resolver e/ou solucionar problemas. Nesse sentido, um gerente de qualidade não é somente aquele que é capaz de resolver problemas, visando-se alcançar os seus objetivos, mas também aquele que, como um técnico de futebol, consegue arranjar um time excelente para jogar, colocando os jogadores certos nas posições em que eles, devidos às suas características pessoais e profissionais, possam render para o time o máximo possível, de modo que o mesmo, como um grupo organizado e complexo, possa se sair vencedor nas suas partidas e, ao final de todas elas, também vencedor do campeonato.

Ou seja, o técnico não joga com o time dentro de campo, mas ele (pela sua inteligência, perspicácia e pelo seu trabalho antes, treinando e arrumando o time e, também, pelo seu trabalho durante o jogo, chamando a atenção para o posicionamento dos jogadores em campo e, às vezes, fazendo as devidas substituições), pode-se dizer, além de técnico, é também um jogador.

Além disso, por estar fora do campo e, muitas vezes, não poder ser ouvido diretamente por qualquer um dos jogadores, ele elege um capitão, ou seja, alguém que, além de possuir talento profissional, ser admirado e respeitado pelos demais jogadores, possa ser capaz de, como seu delegado dentro do campo, sempre que necessário, enviar seus comandos e estratégias, durante uma partida, para os demais.

Numa outra espécie de jogo, o jogo de xadrez, que é um jogo individual, a questão da delegação está sintetizada pela capacidade que cada jogador deve ter de usar as peças certas na hora certa.

Isto é, como se sabe, os peões só podem andar uma casa para frente e na diagonal; o cavalo somente em "L"; os bispos na diagonal; as torres somente em linha reta; o rei, em qualquer direção, mas somente uma casa de cada vez e, a rainha, quantas casas quiser e da forma que quiser. Ou seja, dentro de um jogo de xadrez, saber utilizar as peças certas na hora certa, mas sempre se pensando nas jogadas posteriores, como também experimentar ser um técnico de futebol, é e/ou são excelentes exercícios para o desenvolvimento da capacidade de delegação.

Sendo assim, aprendemos que, para podermos ser capazes de delegar, é preciso, entre outras coisas que, dentro de um grupo como líderes, sejamos também capazes de:

1- Conhecer profundamente as competências, capacidades e/ou habilidades de cada um dos nossos liderados, assim como suas incapacidades, ou seja, saber no que eles são e não são bons, de modo que possamos fazê-los render o máximo que puderem para o grupo, dentro ou fora do grupo, ou seja, entrando em campo ou não.

Ou seja, lembre-se que nem todos os jogadores que treinam durante uma semana com grupo de jogadores entram em campo, mas, durante os treinamentos, eles ajudam não somente a definir um grupo de titulares, mas também a, como formadores de um time adversário formado por reservas, fazer o grupo que vai entrar em campo se desenvolver o máximo que puder.

2- Estar atentos ao desempenho dos nossos delegados durante as suas atuações, aos seus exercícios profissionais e estarmos também, nesse sentido, preparados para realizar uma substituição de emergência caso ela seja necessária;

3- Saber que, ao perdermos uma partida ou várias, devemos estar dispostos a identificar os porquês das derrotas, tomando atitudes proativas, ou seja, procurando-se novas formas de se jogar, experimentando diferentes jogadores em novas posições, contratando-se outros para posições carentes, etc.

4- Saber que (ao vencermos várias partidas e, consequentemente, também o campeonato, ou seja, alcançarmos nossos objetivos), devemos demonstrar para o grupo, através de comemorações, que a vitória é de todos, não se importando quem foi o responsável pelo gol da vitória e/ou então quem impediu o gol do adversário na hora "H" e/ou quem fez uma defesa espetacular, mesmo, por exemplo, pegando-se um pênalti.

5- Saber que (alcançando-se grandes objetivos, grandes vitórias), devemos recompensar o grupo, seja com brindes, viagens, bônus financeiros, etc., e, além disso, simbolizarmos, de alguma forma, a vitória alcançada, seja com uma saída em grupo, seja com a realização de uma grande festa de comemoração. Essas festas de comemoração são importantes porque, quando passarmos por derrotas e/ou crises, a lembrança delas no levará a motivação para podermos experimentar novamente o sabor das vitórias.

Como se vê, a capacidade de delegar deve ser uma das competências que mais os líderes devem ter desenvolvidas em si, na medida em que um corpo, por uma lei da física, não poder estar em dois ou mais lugares ao mesmo tempo.

Um líder precisa aprender a descobrir o potencial dos outros e, nesse sentido, neles investir, almejando obter o máximo de vitórias a partir de e/ou com eles. Delegar, sendo assim, é também o mesmo que ter sabedoria e discernimento para poder investir em pessoas que trarão, sob o comando do líder, benéficos para o grupo, fortalecendo-o, de modo que o mesmo, como um time, como um jogador de xadrez, seja capaz sair-se vitorioso, seja de uma partida, seja de um campeonato.

CAPÍTULO **11**

Transforme o espaço-tempo da organização num local de estudos, pesquisas e aprendizagens.

Hoje, no alvorecer do século XXI, não se admite mais que um gerente qualquer fale em treinamento (adestramento de funcionários), uma vez que a sociedade capitalista, por ser dinâmica e competitiva, não admite nem suporta mais indivíduos que não sejam também capazes de aprender a pensar ou de aprender a aprender, além de somente aprenderem pensamentos.

Ou seja, foi-se o tempo em que se falava de técnicas de vendas, técnica para isso ou técnica para aquilo, apesar de ainda existirem empresas retrógradas que ainda insistam nesses princípios ditos empresariais. Todavia, os dias delas estão contados. Isso por uma razão muito simples: as empresas, hoje, para sobreviverem, precisam estar, em todos os momentos, buscando uma coisa chamada de "inovação" ou, como diriam os especialistas, buscando desenvolver uma espécie de "obsolescência programada", isto é, buscando-se a produção e/ou criação de novidade e/ou inovações permanentes.

Segundo eles, os grandes líderes empresariais, a inovação constante, que também é uma forma de constante agregação de valor, é uma das formas plausíveis para poder fazer com que uma empresa garanta suas vendas, permanecendo líder de um determinado segmento, fatia de mercado ou grupo consumidor.

Essa obsolescência programada está em todos os setores da economia mundial, seja na moda, seja nos aparelhos domésticos, seja no ramo automobilístico, seja na engenharia, arquitetura, etc. Ou seja, o que é dito novo na moda hoje, se tornará velho no máximo daqui a seis meses ou um ano.

O que se quer dizer é que os seres humanos, hoje, na condição dos profissionais que as empresas necessitam para poderem sobreviver no mercado, no mundo empresarial, não são mais aqueles que somente eram/são capazes de aprender pensamentos, ausentes da capacidade de serem construtores de conhecimento, isto é, de serem pesquisadores, criativos, problematizadores e atentos às dinâmicas sociais.

Hoje, aprender a pensar, aprender a aprender além de aprender somente pensamentos, para qualquer profissional, seja ele líder ou liderado, não é mais algo facultativo, mas uma condição imprescindível. Sendo assim, na condição de líder, transforme sua empresa num espaço-tempo, além de trabalho, também

de estudo, de aprendizagens, de processos dialógicos, de educação empresarial, de criação de novas ideias de negócios e recompense-as quando plausíveis. Transforme sua organização num celeiro e/ou numa fonte de boas ideias.

Crie na sua organização uma biblioteca específica para a sua área de interesse e, de tempos em tempos, convide profissionais para a promoção de seminários, debates, colóquios, longe dos retrógrados programas de treinamentos.

Substitua, por exemplo, reuniões e/ou treinamentos verticais, de cima para baixo, nos quais os palestrantes apenas falam e os demais ouvem em silêncio, como se fosse um culto religioso, por processos pedagógicos que sejam dinâmicos, ou seja, que promovam o diálogo, o fomento a debates, a resolução de problemas reais da empresa e, nesse sentido, a partir da coleta de sugestões, sistematize também a produção de conhecimentos dentro da própria empresa.

Uma organização qualquer, exatamente por ser formada por um conjunto de múltiplos e diversos profissionais, além de ser um espaço-tempo de trabalho, deve ser também o local onde esses múltiplos e diversos membros possam dialogar uns com outros, tornando-os, como um todo organizado e complexo, conscientes da missão e dos objetivos da organização, de modo que suas ações, amplamente pensadas, possam fazê-la, como um time, não somente ser capaz de vencer partidas, mas também campeonatos de formas éticas e inteligentes.

CAPÍTULO 12

Desenvolva a sua capacidade criativa: o "sentido" do processo criativo

"Eu aprendi a andar; como consequência eu corro. Eu aprendi a voar; portanto não quero e não aceito que me empurrem para mudar de lugar... Agora sou leve... Agora voo... Agora vejo por baixo de mim mesmo... Agora salta em mim um deus..." **(Nietzsche, F.)**

Todo criador sabe que aquilo que ele cria nem sempre deve ganhar vida e, em alguns casos, deve ser logo por ele também destruída, assim que criada. Explico-me: todo criador, no exato momento da sua criação, não sabe exatamente se aquilo que está criando terá a devida qualidade logo depois de criada. Ou seja, todo criador, é ou deve ser dotado de crítica e autocrítica. Deus, por exemplo, o maior de todos os criadores, diz a bíblia, num dado momento, arrependeu-se de ter feito o "ser" homem e fez cair sobre a terra um dilúvio, reiniciando o processo a partir da descendência de Noé com a sua arca.

Além disso, Deus – leia-se o livro de gênesis –, mesmo sendo um ser onipresente, onipotente e onisciente, relata a bíblia, primeiro cria e, somente depois da sua criação, então avalia o que criou.

Diz a bíblia no capítulo 1, 25, de Gênesis:

> "E fez Deus os animais selváticos... E viu Deus que era bom".

Não se tem aqui a pretensão de se comparar as qualidades do supremo com as do homem, mesmo porque isso seria um disparate-te. Todavia, no mesmo livro da bíblia citado acima, diz-se que o homem fora criado por Deus à sua imagem e semelhança.

Nesse sentido, pode-se dizer que todo homem traz em si uma capacidade, uma inclinação natural para a criação, para o ato de criar.

Nietzsche, no livro "Assim falou Zaratustra", diz que "a inteligência é a vida que clarifica a própria vida"; e também que, "criar, é querer ultrapassar-se". Sendo assim, em relação ao processo criativo, aprendemos que:

1- Qualquer criação, no início, nem sempre ficará tão boa e será preciso melhorá-la, aperfeiçoá-la ou destruí-la por completo e fazer uma nova;

2- Nem sempre a quantidade do que fazemos é acompanhada da mesma qualidade;

3- Ao criarmos algo que não é bom, não devemos nos diminuir e desistir da criação, mas termos persistência e abnegação;

4- No ato da criação, não devemos ouvir opiniões alheias, que interfiram no processo, mas somente depois da obra criada e passada pela avaliação do próprio criador.

Como já mencionamos, mas que aqui também vale ressaltar, sabedoria e prosperidade andam e/ou devem andar juntas. Em outras palavras, isso significa dizer que toda e qualquer prosperidade é, de fato, uma criação da sabedoria. Todavia, muitas pessoas não sabem disso e acabam por comprar produtos ou serviços como se eles fossem sinônimos de prosperidade. A diferença entre a prosperidade criada e a prosperidade comprada se refere ao custo de cada uma e a relação entre a prosperidade ou riqueza alcançada no final. O que se quer dizer é que aquilo que se cria com sabedoria, com qualidade, terá sempre um custo menor e, consequentemente gerará uma prosperidade maior em relação ao produto ou serviço que se compra como sendo prosperidade.

Volte-se, portanto a dizer: prosperidade de fato se cria e não se compra. Como é sabido de todos, Deus é o maior dos criadores e, nesse sentido, também o maior dos criadores de prosperidade que se conhece. Se você tem alguma dúvida, pergunte-se e, se puder, responda-se: "qual o valor do planeta inteiro?"

"Qual o valor de cada vida humana? Ou, mais especificamente, qual o valor da sua vida?"

São incalculáveis, certo? Isso aí, o maior de todos os criadores de prosperidade criou algo de valor impensável, incalculável.

Nem mesmo os computadores mais sofisticados conseguiriam calcular esse valor.

Talvez, nesse momento, você esteja se dizendo e se perguntando: ora, mais eu não sei criar nada. O que poderia eu vir a criar?

Saiba que essas suas verdades são falsas. Há uma esperança para você. Deus, o maior de todos os criadores de prosperidade, criou o homem, diz a bíblia no livro de Gênesis, à sua imagem e semelhança.

Agora pense: se Deus, o maior de todos os criadores de prosperidade, sendo onipresente, onisciente e onipotente, criou o homem à sua imagem e semelhança, isso significa dizer que todo homem traz em si – entre outras qualidades – uma capacidade, uma inclinação natural para a criação.

Ou seja, todo ser humano, embora não seja igual a Deus, porque este é o único ser perfeito que existe, traz em si uma vocação natural para a criação de prosperidade. O que acontece é que, muitas vezes, as pessoas recebem um tipo de educação ou treinamento, desde a infância, que acabam destruindo ou não desenvolvendo nos seus seres esse potencial.

Imagine-se uma pessoa que passou a vida escolar inteira recebendo ordens para copiar e reproduzir coisas, não sendo estimulada nem a pensar e nem a criar. Essa pessoa cresce achando que não tem potencial para criar nada, mas apenas para comprar e consumir coisas.

Guarde-se uma coisa: ideias de prosperidade significativas não se compram, se criam. Você pode comprar um bom livro, que esteja repleto de boas ideias e isso é necessário que se faça para se poder adquirir conhecimento, mas a ideia de prosperidade, para a sua prosperidade, é você quem deve criar e desenvolver. Na vida produtiva e/ou criativa, para se alcançar a qualidade, só há duas opções: ou você faz o que gosta ou então você aprende a gostar do que faz.

Explico-me: só se poder fazer bem, com alto grau de qualidade, aquilo que amamos, gostamos, temos uma inclinação natural, ou então aquilo que, pela necessidade, precisamos aprender a gostar de fazer.

Explico-me outra vez: se você faz o que ama, em nome desse amor, tende a cada dia querer melhorar, a fazê-lo melhor, sendo movido por esse amor; numa outra via, se você faz algo por necessidade e não por amor, precisa também aprender a gostar do que faz para, também assim, podê-lo fazer melhor.

Todavia, alcançar a qualidade, a perfeição não é assim tão simples, por vários motivos:

1- as pessoas que procuram fazer o que gostam, no início, tendem a fazê-las mal e logo desistem.

2- as pessoas que aprendem a gostar do que fazem, muitas vezes, não se sentem realizadas e, por isso, não atingem o máximo nessa qualidade.

Conclusões preliminares:

1- Se você decidir fazer só o que gosta, entenda que, no início, mesmo cheio de amor pelo que faz, você não as fará tão bem e será preciso não desistir desse caminho;

2- Se você decidir aprender a gostar do que faz, não faça só pela necessidade, mas também por amor.

Em ambos os casos descritos, entenda-se que:

> *"Sem amor pelo que se faz não se é possível alcançar a qualidade; a perfeição em nada do que fazemos e, muito menos, na criação."*

A Arte de Liderar

BIBLIOGRAFIA BÁSICA

APPLE, M. Educação e poder. Porto Alegre: Artes Médicas, 1989.

BOURDIEU, P. A reprodução. Rio de janeiro: F. Alves, 1975.

COSTA, Cleberson Eduardo Da. Como criar & Administrar uma microempresa. Rio de janeiro: amazon.com, 2012.

COSTA, Cleberson Eduardo Da. Segredos da Prosperidade. Rio de Janeiro: Amazon.com, 2012.

COSTA, Cleberson Eduardo Da. Vivendo em Prosperidade: o segredo das árvores frutíferas. Rio de Janeiro: Amazon.com, 2012.

CROSBY, Philip B. Qualidade sem lágrimas: a arte da gerência descomplicada. 4. Ed. – Rio de janeiro: José Olimpio, 1999.

DELORS, Jacques. A educação para o século XXI: questões e perspectivas. Porto Alegre. Artmed, 2005.

FREIRE, Paulo. Pedagogia da autonomia. São Paulo. Paz e Terra, 1996.

FRIGOTTO, Gaudêncio. Educação e Crise do Capitalismo Real. São Paulo: Cortez, 1996.

MORIN, E. Os sete saberes necessários à educação do futuro. São Paulo. Cortez; BRASÍLIA: UNESCO, 2001.

RANCIÈRE, Jacques. O mestre ignorante: cinco lições sobre emancipação intelectual. Belo Horizonte: Autêntica, 2002.

Quebrando Paradigmas; Criando Novos Conceitos

A Arte de Liderar

www.ingramcontent.com/pod-product-compliance
Lightning Source LLC
Chambersburg PA
CBHW071817200526
45169CB00018B/343